....

....

....

....

....

....

....

....

....

....

....

....

....

....

....

....

....

....

....

....

....

....

....

....

....

....

....

Printed in the USA
CPSIA information can be obtained
at www.ICGtesting.com
LVHW090801270923
759109LV00019B/280/J

9 781951 373849